VENTES PUBLIQUES AUX ENCHÈRES

DE

MARCHANDISES NEUVES

COURTIERS ET COMMISSAIRES-PRISEURS.

---

§ 1er. — *Régime nouveau du courtage.*

1. — Les lois de 1859, de 1861 et 1866 sur la vente des marchandises en gros et sur le régime des courtiers et du courtage ont apporté de graves modifications dans les attributions des courtiers et des commissaires-priseurs relativement à la vente publique aux enchères des marchandises neuves.

2. — La loi du 18 juillet 1866 sur les courtiers de marchandises, a déclaré le courtage libre en ce sens que toute personne est, d'après l'article 1er, libre d'exercer la profession de courtier de marchandises, mais elle n'a cependant pas donné à *tous* les courtiers le droit de remplir complètement l'office attribué aux anciens courtiers de marchandises, et notamment de procéder aux ventes publiques aux enchères en gros des marchandises, puisque, dans les divers cas prévus par la loi où ces ventes *devaient* être faites par un courtier, elles ne peuvent être confiées qu'à des courtiers agréés par le tribunal de commerce, *inscrits* sur un tableau dressé par le tribunal et ayant prêté serment.

3. — Il en est de même de l'estimation des marchandises déposées dans un magasin général, du moins en ce sens qu'une disposition de la loi, l'article 5, per-

met de *requérir* pour cette estimation les courtiers inscrits, car toutes personnes sont aptes à estimer, sur la demande des parties, les mêmes marchandises, la *réquisition* des courtiers inscrits ne pouvant avoir lieu qu'à défaut d'experts désignés d'accord entre les parties.

4. — Les articles 2, 4, et 5 de la loi sont, en effet, ainsi conçu :

Art. 2. — Il pourra être dressé par le tribunal de commerce une liste des courtiers de marchandises de la localité qui auront demandé à y être inscrits... Tout courtier inscrit sera tenu de prêter devant le tribunal de commerce, dans la huitaine de son inscription, le serment de remplir avec honneur et probité les devoirs de sa profession...

Art. 4. — Les ventes publiques de marchandises aux enchères et en gros qui, dans les divers cas prévus par la loi, doivent être faites par un courtier, ne pourront être confiées qu'à un courtier inscrit sur la liste, désigné, sur la requête des parties intéressées, par le président du tribunal de commerce.

Art. 5. — A défaut d'experts désignés d'accord entre les parties, les courtiers inscrits pourront être requis pour l'estimation des marchandises déposées dans un magasin général. — Si le courtier, requis dans le cas prévus par le paragraphe qui précède, réclame plus d'une vacation, il sera statué par le président du tribunal de commerce sans frais et sans recours.

5. — Il résulte de ces articles que, dans les villes où il existe des courtiers, inscrits ou non inscrits, les *ventes publiques des marchandises aux enchères et en gros,* qui, dans les divers cas prévus par la loi, doivent être faites par les courtiers, ne peuvent être confiées qu'à un courtier inscrit sur la liste dressée par le tribunal de commerce, ou, à défaut de liste, par un courtier désigné, sur la requête des parties intéressées par le président du tribunal de commerce.

6. — Quant à l'estimation des marchandises déposées dans les magasins généraux et susceptibles d'être données

DES DIVERSES ATTRIBUTIONS

DES

COURTIERS & COMMISSAIRES-PRISEURS

EN MATIÈRE DE

VENTES PUBLIQUES AUX ENCHÈRES

DE

MARCHANDISES NEUVES

PAR

Charles CONSTANT

Avocat à la Cour d'appel de Paris.

PARIS

A. CHÉRIÉ, LIBRAIRE-ÉDITEUR

40, rue Hallé, 40

en nantissement sous forme de warrant, elle appartient
à toutes personnes désignées d'accord entre les parties
et sans doute aussi, par conséquent, à toutes personnes
dont elles confieraient la désignation à un tiers, magistrat ou autre; et, si la loi parle à cet égard des courtiers inscrits, c'est pour rendre leur ministère *obligatoire*, tandis que celui des simples particuliers ou d'autres officiers publics ne le serait pas : « A défaut d'experts désignés d'accord entre les parties, dit l'article 5,
les courtiers inscrits pourront être *requis* pour l'estimation des marchandises déposées dans un magasin
général. »

§ 2. — *Vente publique aux enchères, en gros, des marchan-
dises neuves. — Régime ancien.*

7. — Après avoir établi quel est le régime nouveau
du courtage, nous passons à l'examen des ventes publiques de marchandises auxquelles les courtiers peuvent procéder, soit d'après les anciennes lois de leur
institution, soit d'après les modifications apportées à
ces lois par les lois des warrants et de la vente dans les
magasins généraux, du 28 mai 1858, et par les autres
lois qui ont suivi.

8. — La concurrence entre les commissaire-priseurs
et les courtiers, relativement à la vente aux enchères
des marchandises neuves en gros, est assujettie à des
règles différentes, ainsi que nous le verrons ci-après,
suivant qu'il s'agit d'une vente aux enchères purement
volontaire ou volontairement faite sur autorisation du
tribunal de commerce ou à la suite de dépôt (warrant)
dans un magasin général ou autres cas semblables, ou
suivant qu'il s'agit d'une vente *judiciaire*, d'une vente

forcée, telle que vente après saisie-exécution, vente né-
cessitée par l'acceptation d'une succession sous bénéfice
d'inventaire, etc.

9. — Nous nous occuperons d'abord des cas *ordinai-*
res de vente aux enchères de marchandises neuves,
c'est-à-dire, des ventes volontaires ou des ventes autorisées par les tribunaux de commerce.

C'est par un arrêt consulaire du 27 prairial an X,
(16 juin 1802), que furent déterminées les fonctions
des courtiers de marchandises : considérés comme
simples préposés des commercants, ils ne faisaient
alors que les ventes volontaires, sur échantillons ou par
commission, sans pouvoir recourir à la forme dés enchères.

L'ancien article 492 du code de commerce, promul-
gué le 22 septembre 1807, ajouta, que « les syndics
pourraient procéder à la vente des *effets* et *marchandises*
du failli, soit par la voie des enchères publiques par
l'*entremise des courtiers et* A LA BOURSE, soit à l'amiable,
à leur choix. » La loi des faillites de 1838 substitua à
cette disposition la suivante (art. 486) : « Le juge commissaire pourra, le failli entendu ou dûment appelé,
autoriser le syndic à procéder à la vente des objets mobiliers ou marchandises. Il décidera si la vente se fera
soit à l'amiable, soit aux enchères publiques, par l'entremise des courtiers *ou de tous autres officiers publics,*
préposés à cet effet. Les syndics choisiront dans la classe
d'officiers publics déterminée par le juge-commissaire,
celui dont ils voudront employer le ministère. »

Plus tard, un décret du 22 novembre 1811 déclara
(article 1er) « que les ventes publiques de marchandises, à la bourse et aux enchères, que l'article 492 du
code de commerce autorise les courtiers à faire en cas

de faillite, pourront être faites par eux, *dans tous les cas,* même à Paris, avec l'autorisation du tribunal de commerce donnée sur requête. »

10. — Mais on s'effraya bientôt des conséquences qu'avait eues déjà ou que pouvait avoir cette législation facile et qui favorisait à un si haut degré les encans, que l'on avait toujours considérés comme dangereux. On défendit donc d'abord de vendre d'autres marchandises que celles indiquées dans un tableau qui devait être dressé tout exprès (décret du 7 avril 1812); et afin de ne pas nuire au commerce de détail, on défendit de vendre autrement que par lots d'une valeur déterminée, valeur dont le minimum fut d'abord fixé à 2,000 francs pour Paris, à 1,000 francs pour la province. C'étaient les tribunaux de commerce qui devaient déterminer la valeur des lots : une ordonnance du 1ᵉʳ juillet 1818 les autorisa à abaisser cette valeur au-dessous de 1,000 francs sans que, toutefois, ils puissent être *à la portée immédiate des consommateurs.*

11. — La loi des finances du 15 mai 1818, art. 74, réduisit à demi pour cent, pour les ventes publiques de *marchandises* qui, conformément au décret du 17 avril 1812, se feraient à la bourse et aux enchères, par le ministère de courtiers, le droit d'enregistrement des ventes mobilières, fixé à 2 p. 0/0 par l'article 69 de la loi du 22 frimaire an VII.

12. — Jusqu'en 1819, les ventes publiques aux enchères de marchandises en gros n'avaient pu se faire qu'à la bourse : une ordonnance du 9 avril de cette année édicta qu'elle pourraient avoir lieu, par courtiers, au domicile du vendeur, ou dans tout autre lieu convenable, lorsqu'il n'y aurait pas, dans une ville, de local affecté à la bourse et fréquenté par les commerçants.

13. — Des difficultés et des débats s'étant élevés sur l'application et même sur la légalité de ces dispositions diverses, elles furent confirmées et consacrées par la loi du 25 juin 1841, sur la vente aux enchères des marchandises neuves, dont l'article 6 est ainsi conçu : « Les ventes publiques aux enchères de marchandises *en gros* continueront à être faites par le ministère des courtiers, dans les cas, aux conditions et selon les formes indiquées par les décrets des 22 novembre 1811, 17 avril 1812, la loi du 15 mai 1818, et les ordonnances des 1er juillet 1818 et 9 avril 1819. »

14. — Cette même loi du 25 juin 1841 contient une autre disposition fort importante au point de vue des attributions des courtiers et des commissaires-priseurs. Nous avons vu plus haut (N° 9) que l'article 492 du code de commerce de 1807 et l'article 486 du code de commerce de 1838 permettaient de confier aux courtiers non seulement *la vente aux enchères des marchandises du failli*, mais aussi celle des *objets mobiliers dépendant de la faillite;* or, l'article 4 de la loi de 1841 exclut formellement le *mobilier du failli* du ministère des courtiers et en attribue exclusivement la vente « aux commissaires-priseurs, aux huissiers et aux greffiers des justices de paix, conformément aux lois et règlements qui déterminent les attributions de ces différents officiers. »

15. — Ainsi, jusqu'à la loi du 25 juin 1841 les courtiers, dans des circonstances tout exceptionnelles, il est vrai, mais enfin dans des circonstances prévues, pouvaient vendre aux enchères publiques autre chose que des marchandises, le mobilier dépendant d'une faillite; mais la loi de 1841 fit rentrer leurs attributions dans leurs véritables limites : *courtiers de marchandises,* leur ministère ne s'appliquera plus, même exceptionnellement,

qu'à la vente des *marchandises*. Et les marchandises elles-mêmes, ils *ne pouvaient les vendre qu'en gros.*

§ 3. — *Vente publique aux enchères en gros des marchandises neuves. — Régime nouveau.*

16. — Tels étaient donc le droit et le régime auxquels était assujettie, en 1844, la vente publique aux enchères des marchandises en gros, volontaire ou autorisée par le tribunal de commerce, et tels ce droit et régime continuèrent jusqu'en 1858.

Aux termes des décrets des 22 novembre 1811 et 17 avril 1812, qui régissaient les ventes publiques volontaires en gros, ces sortes de ventes ne pouvaient avoir lieu qu'en vertu d'une autorisation du tribunal de commerce, donnée sur requête ; l'ancienne législation ne permettait, non plus, aux courtiers de procéder à la vente publique des marchandises que dans l'enceinte de la ville où ils étaient établis.

17. — La loi du 28 mai 1858 sur la vente publique volontaire en gros des marchandises neuves, loi faite à l'occasion des perfectionnements apportés par une autre loi de même date (1) dans le régime des warants ou des prêts sur dépôts de marchandises dans les magasins généraux, quoiqu'elle ne se rapporte pas uniquement aux ventes faites à la suite de ces prêts et

---

(1) Voir la loi des warrants au *Journal des Commissaires-Priseurs* 1861, p. 141, — la loi des ventes volontaires de marchandises en gros, année 1862, p. 29, — un règlement d'administration publique du 12 mars 1859, pour l'exécution des deux lois, et une circulaire ministérielle, du 17 avril 1859 (année 1859, p. 89 et 96).

qu'elle ait un caractère plus général, changea l'état des choses, tout particulièrement en ce qui concernait la nécessité de l'autorisation du tribunal de commerce et la circonscription du droit des courtiers dans la ville de leur établissement.

Les articles 1 et 2 de cette loi sont ainsi conçus :

Art. 1er. — La vente volontaire aux enchères, en gros, des marchandises comprises au tableau annexé à la présente loi, peut avoir lieu par le ministère des courtiers, sans autorisation du tribunal de commerce. — Ce tableau peut être modifié, soit d'une manière générale, soit pour une ou plusieurs villes, par un décret rendu dans la forme des règlements d'administration publique et après avis des chambres de commerce.

Art. 2. — Les courtiers établis dans une ville où siège un tribunal de commerce ont qualité pour procéder aux ventes régies par la présente loi, dans toute localité dépendant du ressort de ce tribunal où il n'existe pas de courtiers. — Ils se conformeront aux dispositions prescrites par la loi du 22 plusiôse an VII concernant les ventes publiques de meubles.

18. — D'après l'article 7 de la même loi, un règlement d'administration publique devait prescrire les mesures nécessaires à son exécution. Ce règlement a été décrété le 12 mars 1859. L'article 25 est ainsi conçu : « Les lots ne peuvent être, d'après l'évaluation approximative et selon le cours moyen des marchandises, au-dessous de 500 francs. Ce minimun peut être élevé ou abaissé, dans chaque localité, pour certaines classes de marchandises, par arrêté du ministre de l'agriculture, du commerce et des travaux publics, rendu après avis de la chambre de commerce ou de la chambre consultative des arts et manufactures. »

19. — Un décret du 29 juin 1861 modifia l'article 25 du règlement susvisé, en ce qui concerne la vente des marchandises avariées : les lots peuvent être, d'après

ce décret, d'une valeur inférieure à 500 francs, mais alors l'autorisation d'abaisser la valeur des lots doit être donnée sur requête par le président du tribunal de commerce, ou par le juge de paix du lieu où il n'y a pas de tribunal de commerce. Et même, avant de donner cette autorisation, le magistrat a mission de faire constater, s'il le juge nécessaire, l'avarie par un expert.

20. — Cependant, en présence de la loi de 1858 se trouvaient toujours les décrets de 1811 et 1812, qui permettaient aussi de faire vendre aux enchères, par le ministère des courtiers, *mais avec l'autorisation du tribunal de commerce*, les marchandises inscrites aux tableaux annexés à ces décrets, *tableaux qui n'étaient pas les mêmes que celui de la loi de* 1858. Des difficultés d'interprétation en étant résultées, le tribunal civil du Hâvre, notamment, décida que les marchandises non inscrites dans le tableau annexé à la loi de 1858 mais portées sur les tableaux du décret de 1812, pouvaient continuer à être vendues par le ministère des courtiers, pourvu que ce fût avec l'autorisation du tribunal de commerce; mais la cour de Rouen, réformant ce jugement, déclara, par arrêt du 15 avril 1861 (1), que les décrets de 1811 et de 1812 n'étaient plus d'aucune application aux ventes *volontaires* de marchandises en gros; que l'article 8 de la loi de 1858 les avait expressément abrogés relativement aux ventes qu'il régit, et ne les avait maintenus qu'en ce qui touche les ventes publiques de marchandises *faites par autorité de jus-*

____

(1) Voir cet arrêt au *Journal des Commissaires-Priseurs*, 1861, p. 63.

tice (1); que, désormais, aux termes de la loi de 1858, les ventes volontaires, ne pouvaient donc plus être faites par le ministère des courtiers qu'autant qu'elles portaient sur des marchandises comprises au tableau annexé à ladite loi.

L'arrêt de la cour de Rouen fut cassé par arrêt de la chambre civile du 18 novembre 1862 (2); mais dès auparavant la loi du 3 juillet 1861 était venue couper court à toute divergence, même à toute interprétation, en disposant, par son article 1er, que « les tribunaux de de commerce peuvent, après décès ou cessation de commerce, et dans tous les autres cas de nécessité dont l'appréciation leur est soumise, autoriser la vente aux enchères en gros des marchandises *de toute espèce et de toute provenance*. — L'autorisation est donnée sur requête. Un état détaillé des marchandises à vendre est joint à la requête. — Le tribunal constate, par son jugement, le fait qui donne lieu à la vente. »

Les articles 2 et 3 de la même loi portent :

Art. 2. — Les ventes autorisées en vertu de l'article précédent, ainsi que toutes celles qui sont autorisées ou ordonnées par la justice consulaire dans les divers cas prévus par le code de commerce, sont faites par le ministère des courtiers. — Néanmoins il appartient toujours au tribunal ou au juge qui autorise ou ordonne la vente, de désigner pour y procéder, une autre classe d'officiers publics. Dans ce cas, l'officier public, quel qu'il soit, est soumis aux dispositions

---

(1) La cour entend, sans doute, par *autorité de justice*, *l'autorisation du tribunal de commerce*, la seule dont il soit question dans les décrets de 1811 et de 1812, et dans les ordonnances de 1818 et de 1819.

(2) Voir cet arrêt au *Journal des Commissaires-Priseurs*, 1874; p. 75.

qui régissent les courtiers, relativement aux formes, au tarif et à la responsabilité (1).

Art. 3. — Les dispositions des articles 2 à 7 inclusivement de la loi du 28 mai 1858, sur les ventes publiques, sont applicables aux ventes autorisées ou ordonnées comme il est dit dans les deux articles qui précèdent.

21.—Ainsi qu'on l'a vu plus haut (n° 10), un tableau des marchandises à vendre par les courtiers avait été annexé à la loi sur la vente des marchandises en gros de 1858. Le gouvernement a plusieurs fois profité, depuis, du pouvoir qui lui était attribué par la même loi d'élargir ce tableau. Il y a fait entrer notamment, par décret du 8 mai 1861, les navires, agrès et apparaux, relativement auxquels le droit des courtiers avait été considéré comme douteux. Puis est venu un décret général du 30 mai 1863, suivi d'un arrêté ministériel pris en vertu du même décret et portant une longue énumération des marchandises qui peuvent être vendues en gros (ventes publiques volontaires), dans tout l'Empire, et le minimum des lots pour chaque marchandise (2).

22. — Un autre décret, du 9 juin 1863, règle les ventes publiques de marchandises en gros, autorisées ou ordonnées, en vertu de la loi du 3 juillet 1861 (voir plus haut, n° 20), par la justice consulaire. D'après l'article 3 du décret, « le minimum de la valeur des lots est fixé à cent francs pour les marchandises de toutes espèces

---

(1) Les courtiers, d'après la loi de leur institution, étant affranchis de toute responsabilité pour le prix, les commissaires-priseurs, dans les ventes ci-dessus spécifiées, profiteraient nécessairement de la même immunité.

(2) Voir le *Journal des Commissaires-priseurs*, 1863, p. 58 et suiv.

autorisées ou ordonnées dans les cas prévus par ladite loi ; et même ce minimum peut être abaissé par le tribunal ou le juge qui ordonne ou autorise la vente. »

23.— Enfin, la loi du 23 mai 1865, relative au gage commercial, ayant édicté que « les dispositions des articles 2 à 7 inclusivement de la loi du 28 mai 1858, sur les ventes publiques, sont applicables aux ventes prévues par ladite loi, » un décret du 29 août 1863 a réglé cette application en ces termes :

Art. 1er. — Les dispositions des articles 3, 6 et 20 à 27 inclusivement du règlement d'administration publique du 12 mars 1859 (1), modifié par le décret du 30 mai 1863, sont applicables aux ventes prévues par la loi du 23 mai 1863, sauf les additions et modifications ci-après :

Art. 2. — Lorsque, en exécution du § 2 du nouvel article 93 du code de commerce, le président du tribunal de commerce aura désigné pour la vente, une autre classe d'officiers publics que les courtiers, il en sera fait mention dans les annonces, affiches et catalogues prescrits par les articles 21 et 22 du décret du 12 mars 1859.

Art. 3.— Le minimum de la valeur des lots est fixé à 100 francs pour les ventes de marchandises de toutes espèces, dans les cas prévus par la loi du 23 mai 1863.

24. — Telles sont les dispositions principales qui régissent aujourd'hui la vente publique aux enchères des marchandises en gros. Il importait de les grouper, et de les présenter d'ensemble, pour en tirer les observations qui vont suivre.

§ 4. — *Juridiction territoriale des courtiers inscrits.*

25. — Quoique, depuis la promulgation de la loi du 28 mai 1858 sur la vente publique volontaire des mar-

______

(1) Voir ce décret réglementaire au *Journal des Commissaires-priseurs,* année 1859, p. 89.

chandises, le courtage soit devenu libre (Voir plus haut, n° 2), la disposition de l'article 2 de la même loi relative à l'étendue territoriale des attributions des courtiers (n° 16 ci-dessus) n'en a pas moins gardé son importance, les ventes aux enchères pouvant être faites par les seuls courtiers *inscrits*, et ceux-ci, accrédités par les tribunaux de commerce, conservant comme les précédents, juridiction dans tout le ressort du tribunal.

Mais il faut bien le remarquer, la juridiction des courtiers inscrits de même que celle de leurs prédécesseurs n'est privilégiée et exclusive que dans la localité même où ils sont établis ; sur tous les autres points du ressort du tribunal, les intéressés peuvent, à leur gré, confier la vente à un autre officier-vendeur : la loi ne donne pas attribution exclusive aux courtiers en dehors du chef-lieu de leur établissement, mais seulement qualité.

§ 5. — *Ventes des marchandises en gros après décès ou cessation de commerce et dans les cas de nécessité dont l'appréciation est oumise aux tribunaux de commerce.*

26. — La loi du 3 juillet 1864 a adopté un régime de vente tout particulier pour les ventes aux enchères de marchandises en gros (voir n° 20) qui se font *après décès ou cessation de commerce, et dans tous les autres cas de nécessité dont l'appréciation est soumise aux tribunaux de commerce.*

Qu'a entendu le législateur par ces mots *après décès ?* —A-t-il voulu parler des ventes après décès dans lesquelles sont intéressés des mineurs ou des créanciers, ou requises par des héritiers bénéficiaires ? — Évidemment non, puisque le tribunal de commerce n'aurait aucune autorisation à donner dans ces cas, la vente ne pouvant être poursuivie que devant les tribunaux civils et selon les règles de la procédure civile. Les ventes après décès dont il est question dans l'article 1er de la loi de 1861, sont donc celles requises en cas de décès d'un négociant, par ses héritiers tous majeurs et maîtres de leurs droits, agissant par conséquent volontairement, qui ne voudraient pas continuer le commerce de leur auteur : ce serait un cas semblable à celui de la cessation de commerce ou aux autres cas de nécessité dont l'appréciation est soumise aux tribunaux consulaires.

§ 6. — *Ventes purement volontaires de marchandises en gros attribuées, par privilége exclusif, aux courtiers ins- crits. — Privilège non exclusif quant aux ventes volon- taires sur autorisation du tribunal de commerce.*

27. — Cependant nous devons fixer tout particulière- ment notre attention sur les deux dispositions de ladite loi du 3 juillet 1861, car elles complètent le droit, en fait de ventes de marchandises neuves en gros, sur les attributions des courtiers et des autres officiers vendeurs.

Ainsi de la combinaison de la loi du 28 mai 1858 avec les dispositions de la loi du 3 juillet 1861, il résulte que les marchandises inscrites au tableau annexé à la loi de 1858 ou aux autres tableaux dressés ultérieurement en vertu de la même loi, peuvent être vendues *volontai- rement* aux enchères sans autorisation du tribunal de commerce et que les courtiers ont, *dans les cas ordinai- res*, pour ces sortes de ventes, une attribution exclusive. Nous disons, *dans les cas ordinaires*, car s'il s'agissait de ventes après décès ou cessation de commerce ou dans les autres cas de nécessité dont l'appréciation est soumise aux tribunaux de commerce de même que de toutes ventes autorisées ou ordonnées par la justice consulaire *dans les divers cas prévus par le code de commerce* (Loi de 1861, art. 2. Voir ci-dessus, n° 20), il appartiendrait toujours, aux termes de la loi de 1861, au tribunal ou au juge qui autoriserait ou ordonnerait la vente, de désigner, pour y procéder, une autre classe d'officiers publics, et, dans ce cas, l'officier public, quel qu'il fût, serait soumis aux dispositions qui régissent les courtiers, relativement aux formes, au tarif et à la responsabilité.

Nous avons vu plus haut (n° 25), que plusieurs des ventes prévues par la loi de 1861, telles que celles après décès requises par les héritiers maîtres de leurs droits, celles après cessation de commerce, etc., ont un caractère volontaire. Voilà donc les commissaires-priseurs pouvant être appelés, par décision des tribunaux, à exercer les attributions des courtiers même dans les ventes publiques aux enchères de marchandises en gros, volontaires.

Les cas de nécessité de vente volontaire aux enchères sont, comme le dit l'article 1er de la loi de 1861, et comme l'avait déjà dit auparavant l'article 1er de la loi du 25 juin 1841, la cessation du commerce par suite de décès, ou par tout autre motif, notamment par suite d'avaries ou de détérioration de marchandises, causées par le naufrage ou l'incendie d'un navire, par l'incendie d'un établissement commercial, d'un magasin, etc. (1).

---

(1) Exposé des motifs du projet de loi de 1861, *Journal des Commissaires-priseurs*, 1861, p. 154, et 1862, p. 9.

28. — Quant aux ventes autorisées ou ordonnées par la justice consulaire, dans les divers cas prévus par le code de commerce, on cite pour exemple celles poursuivies par le voiturier qui a réclamé le prix de sa voiture pour des objets transportés dont la réception est contestée ou refusée (C. com. 106); par le capitaine de navire qui, en cours de voyage, est obligé de vendre une partie de son chargement pour radouber son navire ou acheter des victuailles (code commerce 234), ou qui, sur le refus du consignataire de recevoir les marchandises, demande ä les faire vendre jusqu'à concurrence du prix de transport (code de commerce 305), et encore la vente de marchandises, autorisée en cas de faillite par le juge-commissaire sur la demande du syndic, (code de commerce 496) (2).

29. — D'après les anciens articles 93 et 95 du code de commerce, l'autorisation du tribunal était encore nécessaire pour que le commissionnaire ou dépositaire qui avait fait des avances sur marchandises pût faire vendre aux enchères les marchandises consignées ou déposées. Mais la loi du 28 mai 1863 « autorise le créancier ainsi privilégié sur un gage, à faire procéder, huit jours après une simple signification faite au débiteur ou tiers-bailleur du gage, s'il y en a un, à la vente publique des objets donnés en gage. » Et la loi ajoute cette disposition, reproduisant celle de la loi de 1861 : « Les ventes autres que celles dont les agents de change peuvent seuls être chargés, sont faites par le ministère des courtiers. Toutefois, sur la requête des parties, le président du tribunal de commerce peut désigner, pour y procéder, une autre classe d'officiers publics. Dans ce cas, l'officier public, quel qu'il soit, chargé de la vente, est soumis aux dispositions qui régissent les courtiers,

relativement aux formes, aux tarifs et à la responsabilité. »

30. — Quant à la vente des marchandises déposées
dans les magasins généraux, l'article 7 de la première
loi du 28 mai 1858 porte que, « à défaut de paiement à
l'échéance, le porteur du warrant séparé du récépissé
peut, huit jours, après le protêt, et sans aucune forma-
lité de justice, faire procéder à la vente publique aux enchères et en gros de la marchandise engagée, dans la
forme et par les officiers publics indiqués dans la loi du
28 mai 1858 (2ᵉ loi). » — Ces officiers indiqués dans la
seconde loi du 28 mai 1858, du moins pour les marchandises inscrites au tableau sont les courtiers ; les
autres officiers vendeurs ne pourraient donc procéder à
ces ventes qu'à défaut et en remplacement des courtiers
inscrits. (Voir ci-dessus, n° 15.)

§ 7. — *Courtiers non aptes à procéder aux ventes de marchandises neuves en gros, judiciaires ou forcées ; mineurs
intéressés ; succession bénéficiaire, etc. — Définition de
la vente judiciaire.*

31. — Mais les attributions des courtiers, en matière
de vente de marchandises neuves en gros, s'étendent-
elles aux ventes forcées *judiciaires*, soit à la suite de
décès lorsque des mineurs ou créanciers y sont intéressés, ou en cas de succession sous bénéfice d'inventaire,
soit à la suite de saisies, ou en cas de marchandises
données en gage suivant les règles du nantisement civil
ordinaire, ou à la suite d'une faillite.

32. — Quant aux attributions des courtiers et des
commissaires-priseurs relativement aux ventes aux enchères en gros des marchandises neuves appartenant à

2

des mineurs, ou provenant de successions bénéficiaires, ou en cas de vente forcée par suite de saisie-exécution, il est d'abord à observer que les courtiers ne tiennent leur droit de vendre les marchandises neuves publiquement aux enchères que du code de commerce de 1808, article 492, des décrets du 22 novembre 1811 et 17 avril 1812, de l'ordonnance du 9 avril 1819, de la loi des faillites de 1838 (nouvel article 486 du code de commerce), de la loi du 25 juin 1841 sur la vente aux enchères des marchandises neuves, des deux lois du 28 mai 1858 sur les warrants et sur la vente publique *volontaire* aux enchères des marchandises en gros, des lois précitées du 23 juillet 1861 sur les mêmes espèces de ventes, de la loi du 23 juin 1863 sur la vente des marchandises données en gage entre commissionnaire et commerçant ou intéressant des commerçants, enfin de la loi du 18 juillet 1866 qui a établi le nouveau régime du courtage. Or, toutes ces lois, décrets et ordonnances n'attribuent aux courtiers que les ventes purement volontaires et celles qui peuvent être faites *avec l'autorisation du tribunal de commerce* ou les ventes *par suite de faillite*. Les autres se trouvent donc, par cela même, de plein droit exclues.

33. — Attachés surtout à la bourse, dépendants des tribunaux de commerce, les courtiers ont des fonctions toutes commerciales ; ils n'ont aucun caractère, aucune qualité pour mener à exécution des arrêts ou jugements, pour *exécuter* une saisie, procéder à une vente par autorité de justice suivant les formes arrêtées par le code de procédure : « Les courtiers de commerce, dit un arrêt de la cour de Bordeaux du 15 février 1849 (1), sont

---

(1) *Journal des Commissaires-Priseurs,* t. VI, p. 126.

des officiers publics purement commerciaux, des intermédiaires destinés à faciliter les transactions commerciales ; si diverses lois, les ont autorisés à procéder à la
vente publique aux enchères de marchandises après
faillite, cessation de commerce et autres cas analogues,
ce sont des exceptions qu'on ne saurait étendre. Ces
ventes d'ailleurs diffèrent essentiellement des ventes judiciaires proprement dites ; elles s'opèrent seulement
sous l'autorisation et la surveillance des tribunaux de
commerce ; et ce qui a fait accorder ces attributions aux
courtiers, c'est qu'elles concernent le commerce et tiennent aux intérêts commerciaux ; mais aucune loi ne les
autorise à procéder aux ventes d'objets mobiliers ordonnées par les tribuuaux civils ; ils n'ont pas pouvoir à cet
effet, et ne sauraient même, d'après les règles de leur
institution, se conformer aux dispositions du code de
procédure civile, notamment des article 624 et 625 ; ces
ventes sont confiées par la loi à des officiers publics spéciaux, chargés de prêter la main aux tribunaux, et placés sous leur surveillance immédiate ».

34. — On a objecté, il est vrai, que l'extension
successive et réfléchie des attributions des courtiers,
l'emploi des mots *dans tous les cas* répétés à intervalle dans
les deux décrets de 1811 et 1812 témoignent que l'intention du législateur a été qu'il n'y eût désormais aucune
exception aux attributions des courtiers, que ses attributions s'étendissent à toutes espèces de ventes en gros
des marchandises désignées au tableau, en quelque circonstance qu'elles eussent lieu (1). Il est vrai encore que
la jurisprudence s'est montrée longtemps favorable aux

---

(1) DEVILLEPIN, *Commentaire de la loi du 25 juin* 1841, n° 108.

courtiers, puisque les ventes aux enchères de marchandises inscrites au tableau, même provenant d'une succession bénéficiaire ou vendues par suite de saisie, leur ont été attribuées par arrêts de la cour de Rouen du 18 mars 1820, 29 août 1838, et 11 octobre 1845 (1), de la cour de cassatiou du 10 juin 1823, rejetant le pourvoi contre l'arrêt de Rouen de 1820, de la cour d'Aix du 25 juin 1823, tandis que l'arrêt précité de la cour de Bordeaux du 15 février 1849 est le seul qui les exclue des ventes judiciaires. Mais nous répondrons que les mots *dans tous les cas* ne se trouvent que dans le décret de 1811, et qu'ils y sont immédiatement suivis de ces autres mots, *avec l'autorisation du tribunal de commerce.* Quant au décret du 17 avril 1812, l'article 1er porte: « Les marchandises désignées au tableau annexé au présent décret, sont celles que les courtiers de commerce, à Paris, peuvent vendre à la Bourse et aux enchères, *avec l'autorisation du tribunal de commerce* ».

35. — Ce sont donc seulement les ventes en gros pouvant se faire *avec l'autorisation du tribunal de commerce,* qui rentrent dans les attributions des courtiers. Or, il est évident que ce n'est pas au tribunal de commerce qu'il faut demander l'autorisation de vendre, en cas de vente forcée ou judiciaire, même les marchandises inscrites au tableau ; la cour de Rouen elle-même, si favorable au droit des courtiers, comme on l'a vu plus haut par les trois arrêts qu'elle a rendus, étendant leurs attributions, relativement aux marchandises inscrites au tableau, jusqu'à la vente judiciaire, est la première à proclamer que c'est au tribunal civil et non au tribunal de

---

(1) *Journal des Commissaires-Priseurs,* t. VI, p. 97.

commerce, que doit être adressée la requête d'*héritiers bénéficiaires*, à fin de vendre des marchandises neuves inscrites au tableau (1).

36. — Il est impossible, d'ailleurs, d'accorder aux courtiers de commerce le droit de faire des ventes après décès, sans bouleverser entièrement les lois de la procédure et les lois organiques des courtiers ; en effet, les articles 624 du code de procédure civile disposent que les objets adjugés devront être payés comptant, que les commissaires-priseurs et les huissiers seront personnellement responsables du prix des adjudications, et, qu'à défaut du paiement, il devra être procédé immédiatement à la revente sur folle-enchère. Or, les courtiers ne peuvent ni recevoir, ni payer, ni se rendre garants, le tout sous peine de destitution (C. com. 85, 86, 87) ; et ils ne peuvent revendre sur folle-enchère que trois jours après une sommation de prendre livraison (art. 9 du décret de 1812).

L'impossibilité où ils sont de se conformer aux articles 624 et 625 du code de procédure civile, articles qui sont applicables aux ventes après décès comme aux ventes sur saisie-exécution, démontre, de la manière la plus évidente, que les courtiers ne sont pas aptes à procéder aux ventes de marchandises saisies ou dépendant d'une succession acceptée sous bénéfice d'inventaire, car le prix des adjudications ne pouvant être reçu par les courtiers, l'on se demande qui serait chargé d'en opérer le recouvrement : ce ne serait pas la partie saisie ; ce ne pourrait pas être non plus le saisissant, puisque, par

---

(1) Arrêt du 11 septembre 1845, *Journal des Commissaires-Priseurs*, t. VI, p. 97.

ce moyen, il pourrait s'appliquer des deniers frappés de privilèges auxquels d'autres créanciers auraient droit. Le même inconvénient se rencontrerait dans les ventes après décès. Quand les créanciers voudraient frapper les deniers en provenant d'oppositions, quels moyens emploieraient-ils? Quand les ventes auraient lieu sans attribution de qualité, qui serait chargé de la recette?

37. — Dans une vente sur saisie ou après décès, il n'y a rien de commercial; toutes les règles à suivre sont tracées par le code civil et par le code de procédure civile; s'il y a des autorisations à demander, l'on ne peut s'adresser qu'aux tribunaux civils; s'il y a lieu à introduire un référé, il ne peut être porté que devant les mêmes tribunaux, et les courtiers ne pourraient pas s'y présenter pour recevoir l'ordonnance.

38. — Et toutes ces impossibilités qui se présentaient sous l'ancien régime du courtage, se présenteraient bien plus flagrantes encore aujourd'hui que la loi du 18 juillet 1866 a enlevé aux courtiers, même aux courtiers inscrits, leur caractère d'officiers publics spéciaux et les a rattachés par un lien plus étroit encore aux affaires commerciales.

39. — Nous ne croyons pas, au reste, quant à nous, que le doute ait jamais été raisonnablement possible sur le droit exclusif des commissaires-priseurs de procéder aux ventes forcées ou judiciaires que nous venons de caractériser; mais, dans tous les cas, ce doute ne pourrait plus naître en présence des dispositions nouvelles qui, dérogeant au privilège admis comme règle générale par le législateur, ont expressément édicté des exceptions à cette règle. Il est bien évident qu'aux yeux du législateur, toutes les ventes d'apparence forcée ou judiciaire qu'il n'a pas ainsi attribuées aux courtiers de

commerce, sont restées dans les attributions des commissaires-priseurs et des autres officiers vendeurs de meubles et de marchandises.

40. — Mais ce qui démontre plus encore que les ventes judiciaires proprement dites sont en dehors des attributions des courtiers et appartiennent aux officiers vendeurs ordinaires, ce sont les expressions formelles de la loi du 25 juin 1841. On sait que l'article 1er de cette loi défendait, par une disposition générale, les ventes en détail des marchandises neuves, à cri public, soit aux enchères, soit aux rabais, soit à prix fixe proclamé, avec ou sans l'assistance des officiers ministériels.

Mais, d'après l'article 2, « ne devaient pas être comprises dans cette défense les ventes prescrites par la loi ou faites par autorité de justice, non plus que les *ventes après décès*, faillite ou cessation de commerce, ou dans tous les *autres cas* de nécessité dont l'appréciation sera soumise au tribunal de commerce. »

On aurait pu croire que les mots de l'article 2 : *ventes après décès*, comprenaient les ventes *faites par autorité de justice après décès* ; et, s'il en avait été ainsi pour les ventes *en détail*, à plus forte raison, la disposition se serait appliquée aux ventes en gros. Mais l'article 3, qui suit, écarte toute interprétation semblable, car il ajoute : « Les ventes publiques en détail de marchandises neuves qui auront lieu *après décès ou par autorité de justice*, seront faites selon les formes prescrites et par les officiers ministériels préposés pour les ventes forcées du mobilier, conformément aux articles 625 et 945 du code de procédure civile. »

Il est donc bien certain que, de ces mots : *ventes après décès*, faillite ou cessation de commerce de l'article 2, on ne peut tirer aucun argument en faveur de l'application de cet article aux ventes publiques aux enchères *en détail*, à faire, après décès, *par autorité de justice.*

Quant à la disposition de la même loi relative aux *ventes en gros*, elle est ainsi formulée par l'article 6 : « Les ventes publiques aux enchères de marchandises en gros continueront à être faites par le ministère des courtiers, dans les cas, aux conditions et selon les formes indiquées par les décrets des 22 novembre 1811, 17 avril 1812, la loi du 15 mai 1818 (droit d'enregistrement), et les ordonnances des 1er juillet 1818 et 9 avril 1819. » Or, rien dans ces lois, décrets et ordonnances n'attribue aux courtiers les ventes de marchandises en gros, par autorité de justice qui se font après décès ou saisie-exécution ou dans les autres cas semblables déterminés par le code civil ou par le code de procédure civile. Au contraire, toutes les formes et prescriptions qui régissent lesdites ventes, telles que l'autorisation obligatoire du tribunal de commerce et autres, sont, ainsi que nous l'avons vu plus haut, absolument antipathiques aux formalités à suivre dans les ventes aux enchères ordonnées par la loi après saisie-exécution ou décès, et pour lesquelles le ministère des courtiers serait purement et simplement impossible.

41. — Mais il importe de bien définir la vente forcée ou celle faite par autorité de justice. On ne peut désigner comme telles que les ventes qui, d'après le code civil, le code de procédure civile et le code de commerce, doivent nécessairement être faites aux enchères publiques, par exemple, celles qui ont lieu sur saisie-exécution ou dans les cas prévus par les articles 452 et 2078 du code civil (meubles appartenant à des mineurs ou objets donnés en nantissement), 945, 986 et 1000 du

code de procédure civile (meubles appartenant à des cohéritiers non d'accord pour le partage, ou dépendant d'une succession bénéficiaire ou d'une succession vacante), ou enfin les ventes auxquelles on procède en vertu de jugements ou d'ordonnances rendus sur contestation, par exemple, dans le cas de l'article 603 du code civil (vente des meubles d'un usufruit, à défaut de caution fournie).

42. — Les courtiers sont appelés, sauf pouvoir des tribunaux consulaires de désigner les commissaires-priseurs ou autres officiers vendeurs, à vendre les marchandises pour payer le voiturier dans les cas prévus par l'article 106 du code de commerce, et la partie de chargement que le capitaine est obligé de vendre, en cours de voyage, pour radouber son navire ou acheter des victuailles (c. com. 234). Ces ventes ont cependant, de même que celles que nous avons indiquées plus haut, n° 28, un caractère forcé ; mais elles ne s'en trouvent pas moins, exceptionnellement, comprises dans les attributions des courtiers, en vertu de l'article 2 de la loi du 3 juillet 1861, portant que les ventes autorisées par l'article 1ᵉʳ de la loi (cas de nécessité, etc.), ainsi que *toutes celles autorisées ou ordonnées par la justice consulaire dans les divers cas prévus par le code de commerce*, sont faites par le ministère des courtiers. Néanmoins, etc. » (Pouvoir du juge de désigner une autre classe d'officiers-vendeurs).

43. — Dans un arrêt du 15 avril 1861, la cour de Rouen (1) a donné de la vente forcée ou judiciaire une définition qui paraît complète et pouvoir être adoptée

---

(1) *Journal des Commissaires-priseurs*, 1874, p. 75.

comme répondant à toutes les exigences : « Les ventes judiciaires, dit cet arrêt, sont celles soumises à l'empire seul de la loi, qui les commande et les règle en dehors du concours et de la volonté des parties intéressés.» Cette définition explique comment une vente, intéressant uniquement des personnes majeures et maîtresses de leurs droits, autorisée, après décès, par le tribunal de commerce, peut être une vente volontaire, tandis qu'une vente après décès dans laquelle sont intéressés des héritiers mineurs, ou une vente après saisie-exécution, ou même la vente d'un objet donné en nantissement, sont des ventes forcées ou judiciaires.

§ 8. — *De la vente aux enchères du gage formant nantissement civil et du gage formant nantissement commercial.*

44. — La loi du 23 mai 1863, par une disposition expresse, attribue également, aux courtiers, sauf toujours désignation par le tribunal de commerce d'une autre classe d'officiers publics, la vente des marchandises en gros faisant l'objet d'un gage « constitué par un commerçant, ou même par un individu non commerçant, pour un acte de commerce », ou des marchandises « expédiées, déposées ou consignées à commisionnaire, et sur lesquelles, il a un droit de préférence pour ses prêts ou avances » (articles 93 et 95 du code de commerce, modifiés par ladite loi.

Il s'en suit que, malgré le caractère forcé de ces ventes, le privilége en est encore accordé aux courtiers.

Mais, pour se rendre bien compte de l'étendue de cette attribution, il importe de rechercher le véritable sens et la portée de la loi nouvelle. Le but principal de cette loi

était, non de déterminer les attributions des divers officiers vendeurs, mais bien d'établir les règles de preuve
en matière de gage ou de nantissement commercial. Son
article 1er est, en effet, ainsi conçu : « Le gage constitué
soit par un commerçant, soit par un individu non commerçant pour acte de commerce, se constate, à l'égard
des tiers comme à l'égard des parties contractantes,
conformément aux dispositions de l'article 109 du code
de commerce » (Preuve testimoniale, présomptions, cor-
respondances, etc.) Ce n'est donc que pour ce cas spécial et en disposant qu'à défaut de paiement par le débiteur, à l'échéance, le créancier peut faire procéder à la
vente publique des objets donnés en gage, que la loi,
par un article suivant, ordonne que « les ventes autres
que celles dont les agents de change peuvent seuls être
chargés, seront faites *par le ministère des courtiers* ».

45. — Mais qu'a entendu le législateur par cette ex-
pression : *Le gage constitué soit par un commerçant, soit
par un individu non commerçant, pour un acte de commerce, se constate, etc. ?* — Les mots : *pour un acte de commerce* se rapportent-ils aussi bien au gage constitué par
un commerçant qu'au gage constitué par un non commerçant ? En d'autres termes, la constitution du gage
pourra-t-elle être prouvée par les moyens de preuve
commerciale à l'égard des tiers comme à l'égard des
parties contractantes, lorsque l'obligation à laquelle le
gage sert de garantie, quoique passée par un commerçant, n'aura pas eu pour cause *un acte de commerce ?*

Nous n'hésitons pas à nous prononcer pour la négative.
Il arrive sans cesse qu'un commerçant contracte une
obligation non commerciale, et il est certain que ce
genre d'obligation n'est soumis ni à la compétence des
tribunaux de commerce, ni à la preuve par les moyens

énoncés dans l'article 109 du code de commerce. Les billets à ordre même, souscrits par un commerçant, ne sont censés faits pour son commerce que lorsqu'une autre cause n'y est pas exprimée. (Art. 638 du code de commerce.)

Si la constitution du gage n'avait pas eu pour cause un acte de commerce, la preuve commerciale, d'après les principes généraux du droit, ne pourrait donc être invoquée par le créancier gagiste même contre le commerçant débiteur : à plus forte raison elle ne serait pas opposable aux tiers, et l'interprétation que nous donnons à la première disposition de la loi se trouve pleinement justifiée.

46. — Pour que la preuve commerciale puisse être admise, il faut donc, lors même que le débiteur gagiste est un *commerçant*, que l'obligation garantie par le gage soit commerciale ; et il en serait ainsi même en cas de constitution de gage entre deux commerçants, la condition principale exigée par la loi étant que le gage ait eu pour objet *un acte de commerce*.

47. — Et ce que nous disons des *moyens de preuve* se rapporte mot pour mot à l'application de la loi à la *vente des objets donnés en gage*, puisque cette vente n'est attribuée aux courtiers que lorsque le gage entre dans les conditions de l'article 1er, c'est-à-dire lorsqu'il a eu un acte de commerce pour cause.

48. — Quelle que fût donc la nature des objets donnés en gage et quand même ces objets consisteraient dans des objets inscrits au tableau des marchandises en gros, *quand même le gage aurait été constitué par un commerçant au profit d'un autre commerçant*, la vente de ces marchandises, si l'opération garantie par le gage ne constituait par un *acte de commerce*, ne pourrait être ni autorisée par le tribunal de commerce, ni opérée par le

ministère d'un courtier. C'est devant le tribunal civil
seul que l'action en autorisation de vendre pourrait être
portée, et les commissaires-priseurs seuls aussi auraient
droit de procéder à la vente.

49. — Voilà, relativement à la concurrence entre les
courtiers et les commissaires-priseurs, pour la vente publique aux enchères des marchandises neuves *en gros*,
les règles qui paraissent devoir être suivies.

§ 9. — *Quelles sont les marchandises soumises aux lois et règles sur la vente des marchandises en gros.*

50. — Quant aux marchandises qui peuvent être
ainsi vendues, ce sont, en cas de *vente volontaire*, toutes
celles désignées en l'arrêté ministériel annexé au décret
du 30 mai 1863, et en cas de *ventes autorisées ou ordonnées par la justice consulaire*, les *marchandises* de toute
espèce (décret du 9 juin 1863.)

§ 10. — *De l'importance des lots.*

51. — En ce qui concerne l'importance des lots, nous
avons dit plus haut quelles ont été à cet égard les dispositions anciennes et nouvelles. Dans l'état actuel de la
législation, le minimum de la valeur à établir pour les
ventes *volontaires* de marchandises en gros est fixé par
l'arrêté ministériel annexé au décret du 30 mai 1863 (1).
Ce minimum varie selon les espèces de marchandises ;
il ne monte jamais au-dessus de 500 francs et il descend
à 100 francs pour un grand nombre d'espèces (2).

---

(1) *Journal des Commissaires-Priseurs*, année 1863, p. 58 et 61.
(2) Un décret du 17 août 1888 (*J. des Commissaires-priseurs*,

Une exception est faite relativement aux marchandises avariées, lesquelles peuvent être vendues par lots d'une valeur inférieure au minimum fixé pour chacune d'elles, mais après autorisation donnée sur requête par le président du tribunal de commerce du lieu de la vente. (Décret du 30 mai 1863, art. 25).

Par une autre exception, le minimum de la valeur des lots est fixé à cent francs pour les ventes après protêt de warrant, quelle que soit l'espèce de marchandise (même article 25 du décret du 30 mai 1863).

Quant aux ventes publiques de marchandises en gros *autorisées par la justice consulaire*, le minimum de la valeur des lots est fixé à 100 francs pour les ventes de marchandises de toute espèce, et même ce minimum peut être encore abaissé par le tribunal ou le juge qui ordonne ou autorise la vente (Décret du 6 juin 1863, art. 3), et le minimum est également fixé à 100 francs pour la vente des marchandises données en nantissement (décret du 29 août 1864.)

§ 11. — *De la liberté laissée aux tribunaux consulaires de désigner pour la vente aux enchères des marchandises en gros, lorsque leur autorisation est exigée, des commissaires-priseurs au lieu des courtiers. — Étendue de cette liberté.*

52. — Nous terminerons la partie de cette note relative à la vente publique aux enchères des marchandises

---

1888, p. 226) a modifié le tableau annexé au décret de 1863 et abaissé le minimum de la valeur des lots pour un certain nombre de marchandises.

en gros, en faisant observer, sur le choix laissé aux tribunaux consulaires de désigner pour la vente, aux lieu et place des courtiers, les commissaires-priseurs ou autres officiers vendeurs, que la loi générale du 3 juillet 1861 porte : « Qu'il appartient toujours au tribunal ou au juge qui autorise ou ordonne la vente de désigner pour y procéder une autre classe d'officiers publics », abandonnant ainsi cette désignation à la volonté spontanée du tribunal, tandis que la loi du 23 mai 1863, spéciale à la vente du gage ou des objets sur lesquels le commissionnaire a fait des avances, dispose : « Que la désignation d'une classe d'officiers vendeurs autre que celle des courtiers sera faite *sur la requête des parties* ». Malgré cette différence de rédaction, nous croyons que, dans l'un comme dans l'autre cas, le tribunal, du moins si la classe des courtiers n'était pas spécialement demandée, serait libre dans sa désignation, sa décision à cet égard devant avoir principalement pour règle l'intérêt des parties.

§ 12. — *De la vente publique aux enchères en détail des marchandises neuves dépendant d'une faillite. — Courtiers non habiles à faire ses ventes sous le régime nouveau du courtage.*

53. — *La vente en détail aux enchères des marchandises neuves* a toujours, avant comme depuis les modifications apportées au régime du courtage, appartenu aux commissaires-priseurs, ou, en dehors du chef-lieu de la résidence des commissaires-priseurs, aux notaires, aux greffiers de justice de paix et aux huissiers, de concurrence.

Toutefois, on s'est demandé s'il n'y avait pas lieu de faire une exception en cas de vente de marchandises neuves *après faillite*. L'article 486 du code de commerce est en effet ainsi conçu : « Le juge commissaire pourra, le failli entendu ou dûment appelé, autoriser les syndics à procéder à la vente des effets mobiliers ou marchandises. — Il décidera si la vente se fera soit à l'amiable, soit aux enchères publiques par l'entremise de courtiers ou de tous autres officiers publics préposés à cet effet. — Les syndics choisiront dans la classe d'officiers publics déterminée par le juge-commissaire, celui dont ils voudront employer le ministère ».

54. — Cette disposition fut modifiée, quant à la vente des *effets mobiliers*, par l'article 4 de la loi du 25 juin 1841, sur la vente en détail des marchandises neuves : « Les ventes des marchandises, après faillite, dit cet article, seront faites conformément à l'article 486 du code de commerce, par un officier public de la classe que le juge-commissaire aura déterminée. — Quant au *mobilier du failli*, il ne pourra être vendu aux enchères que par le ministère des commissaires-priseurs, notaires, huissiers ou greffiers des justices de paix, conformément aux lois et règlements qui déterminent les attributions de ces différents officiers ».

55. — Ainsi, l'article 486 du code de commerce et l'article 4 de la loi du 25 juin 1841 autorisent le juge-commissaire à décider si la vente des marchandises du failli se fera aux enchères publiques par l'entremise des courtiers ou de tous autres officiers publics préposés à cet effet, et ces articles ne faisant aucune différence entre les ventes de marchandises en gros et les ventes en détail, la loi du 25 juin 1841 ayant même pour principal objet les ventes en détail, on a pensé que les cour-

tiers pouvaient être désignés par le juge commissaire de la faillite pour vendre publiquement *en détail*, aux enchères, les marchandises du failli (1).

56. — Contrairement à cette opinion, nous avons toujours soutenu que, au moins depuis la loi du 18 juillet 1866, il était impossible d'admettre cette solution. Il nous paraissait certain, en effet, que l'abolition du privilège des courtiers, la liberté du courtage, n'avait eu absolument pour but et pour objet que le commerce des marchandises en gros, que de faciliter, *pour la vente des marchandises en gros*, l'emploi d'intermédiaires, libres de toutes entraves et dont le choix serait illimité.

Une seule exception a été faite, en effet, dans la loi de 1866, à cette liberté illimitée du choix : elle porte (art. 4) sur les *ventes publiques mobilières de marchandises aux enchères*, mais sur les ventes publiques *en gros* et non sur les ventes publiques *en détail*. C'est pour vendre publiquement aux enchères les marchandises *en gros*, que la loi a créé l'institution des courtiers inscrits.

Après avoir rappelé l'article premier de la loi du 22 pluviôve an VII, qui exige que les ventes publiques mobilières soient faites « en présence et par le ministère d'officiers publics ayant qualité pour y procéder », l'exposé des motifs du projet de loi de 1866 poursuit, en effet, en ces termes :

« Si la loi ne disait rien à cet égard, les commissaires-priseurs, les notaires, les huissiers et les greffiers des justices de paix seraient sans doute fondés à soutenir que les ventes publiques de marchandises sont désormais dans leurs attributions. Or le taux

______

(1) Cette doctrine s'appuie sur un arrêt de la cour de Colmar du 12 mai 1847 (*Journal des Commissaires-priseurs*, t. V, p. 167.)

élevé des droits de commission attribués à ces officiers ministériels et surtout le peu d'habitude qu'ils ont de s'occuper des affaires commerciales, le peu de relations qu'ils ont avec ceux qui achètent et vendent des marchandises du commerce proprement dites, ont fait considérer qu'il serait préjudiciable de leur confier ces sortes de ventes. Dans ces circonstances, nous avons pensé qu'il serait bon et utile au commerce de conserver aux courtiers les *ventes publiques de marchandises aux enchères et* EN GROS dans les divers cas où la loi à voulu leur intervention, mais sous la condition que ceux qui en seraient chargés eussent été habilités à cet effet par une délégation du tribunal de commerce, qui les investirait, pour le cas spécial, du caractère public qu'exige la loi de l'an VII (1). »

Il n'était pas possible, on le voit, d'expliquer plus clairement le but et l'objet de l'institution des courtiers inscrits. Les commissaires-priseurs et autres officiers vendeurs n'étant pas aussi aptes que les courtiers à vendre les marchandises du commerce et à s'occuper des affaires commerciales, ces officiers ayant peu de relations avec ceux qui vendent et achètent les marchandises, le législateur a été amené à autoriser l'institution des courtiers inscrits ou délégués *pour la vente publique aux enchères de marchandises* EN GROS.

L'aptitude des commissaires-priseurs pour la vente publique des marchandises en détail est, comme nous le disions plus haut, universellement reconnue; il est bien évident que *c'est uniquement relativement à la vente des marchandises en gros, que l'exposé des motifs constate qu'il y a lieu de préférer le ministère des courtiers à leur*

---

(1) *Journal des Commissaires-Priseurs*, année 1868, p. 65.

ministère. Un peu plus loin, cela est dit, d'ailleurs, dans les termes les plus formels : on ne regarde comme bon et utile au commerce de conserver aux courtiers que les ventes publiques de marchandises *en gros* aux enchères.

57. — Si de l'exposé des motifs nous passons à la loi elle-même, nous ne trouvons mention, dans son texte tout entier, que des *marchandises en gros*, de la *vente des marchandises en gros.* L'article 4, tout spécialement, auquel les courtiers inscrits doivent leur existence, leur privilège et leur droit, porte : « *Les ventes publiques de marchandises aux enchères et* EN GROS, qui, dans les divers cas prévus par la loi, doivent être faites par un courtier, ne pourront être confiées qu'à un courtier inscrit sur la liste dressé conformément à l'article 2, ou, à défaut de liste, désigné, sur la requête des parties intéressées, par le président du tribunal de commerce. »

Les missions confiées aux courtiers inscrits par les autres articles de la loi sont aussi toutes relatives aux marchandises *en gros* : c'est la vente publique aux enchères ou l'estimation des marchandises déposées dans les magasins généraux ; ce sont les opérations de courtage ordinaires, c'est-à-dire toujours la vente de marchandises en gros.

58. — Les droits de courtage fixés par l'article 8 sont ceux de l'estimation ou de la vente des marchandises en gros. En un mot, la loi sur la liberté du courtage du 18 juillet 1866, n'a été qu'une suite de la loi des warrants, des diverses lois qui ont changé les dispositions anciennes pour faciliter la vente des marchandises *en gros ;* son but, son esprit, son texte, tout s'accorde à en limiter l'application *aux seules ventes des marchandises* EN GROS, et le privilège des courtiers inscrits *aux seules ventes publiques aux enchères des mêmes marchandises.*

59. — Il ne nous paraissait donc pas possible d'élever un doute sérieux sur la question de savoir si les courtiers pouvaient vendre aux enchères et *en détail* les marchandises du failli. La négative, pour nous, s'imposait ; et c'est ainsi que la cour d'appel de Douai, dans un arrêt du 9 novembre 1887, disait :

« La loi du 28 ventôse an IX, le décret du 22 novembre 1811, celui du 10 avril 1812, la loi du 25 juin 1841, celle du 28 mai 1858 et celle du 3 juillet 1861, ont conféré aux courtiers de commerce le droit de faire les ventes publiques aux enchères des marchandises en gros.

« Si le droit d'opérer les ventes des effets mobiliers et des marchandises après faillite a été étendu aux courtiers de commerce, tant par l'ancien article 492 du code de commerce, que par le nouvel article 486 du même code, cet article 486 se borne à dire que la vente sera faite par des courtiers ou tous autres officiers publics préposés à cet effet et que les syndics choisiront dans la classe d'officiers publics déterminée par le juge- commissaire ; cet article se réfère évidemment aux lois et règlements qui déterminent les conditions dans lesquelles les différentes classes d'officiers publics sont préposées aux ventes mobilières ; ces expressions : *préposés à cet effet*, signifient que de pareilles ventes ne peuvent avoir lieu que par des officiers publics ayant qualité *à cet effet*, remplissant les conditions de la loi *à cet effet*, ayant, en un mot, attribution sous le rapport de l'acte à faire et de l'objet à vendre et sous le rapport du lieu L'article 486 fait partie de la loi générale sur les faillites, qui n'a été rendue en 1838 qu'en vue des faillites et non des officiers publics appelés à procéder aux ventes des biens mobiliers des faillis ; son texte ne comprend aucune abrogation des lois concernant les attributions des différents officiers publics et ces lois continuent à subsister.

« Le § 1er de l'article 4 de la loi du 25 juin 1841, loin de déroger à l'article 486 du code de commerce, s'est, au contraire, référé à cet article pour les ventes de marchandises après faillite, tout en maintenant les lois et règlements qui déterminent les attributions des différentes classes des officiers publics. Pour le mobilier, le § 2 de l'article 4 de la loi du 25 juin 1841 dit qu'il ne pourra être vendu que par le ministère des commissaires-priseurs, notaires, huissiers, greffiers de justice de paix, conformément aux lois et règlements qui déterminent les attributions de ces différents officiers. Il n'est pas possible de réserver plus expressément le monopole des commissaires-priseurs, dans le lieu de leur établissement, pour les ventes des marchandises *en détail* et de mobilier après faillite.

« En combinant les articles 4, § 1er, 6 et 10 de la loi du 25 juin 1841, il devient évident que les courtiers de commerce n'ont droit qu'à faire les ventes de marchandises en gros, même après faillite. C'est ce qui résulte du rapprochement de la loi du 3 juillet 1861, avec l'article 486 du code de commerce. Par conséquent, le juge-commissaire à une faillite doit, pour les ventes d'objets mobiliers, respecter les droits appartenant aux commissaires-priseurs d'après les lois et règlements constitutifs de leur organisation. En définitive, l'article 486 du code de commerce n'est pas une loi d'attribution, mais une simple disposition de la loi générale sur les faillites. »

Soumis à la cour de cassation, l'arrêt de la cour de Douai a été cassé par arrêt du 8 mai 1889 conçu en ces termes :

« En confiant au juge-commissaire le soin de décider, au mieux des intérêts de la faillite, si la vente des marchandises aux enchères se fera par l'entremise de courtiers ou de tous autres officiers publics préposés à cet effet, l'article 486 du code de commerce n'a point entendu restreindre aux seules ventes des marchandises en gros le choix à faire des courtiers. Cette interprétation est confirmée par la loi du 25 juin 1841 dont les articles 2 et 4, qui traitent spécialement des ventes aux enchères et en détail de marchandises après faillite, se réfèrent expressément à l'article 486 pour la détermination de la classe dans laquelle sera choisi l'officier public chargé de la vente, l'article 4 de ladite loi rappelant, d'autre part, et par opposition, le droit exclusif du commissaire-priseur quant la vente du mobilier du failli. Enfin, les lois des 28 mai 1858 et 3 juillet 1861, visées par la cour de Douai, ainsi que la loi du 18 juillet 1866, que ont réglementé successivement les ventes de marchandises aux enchères et en gros confiées soit aux anciens courtiers de commerce, soit, en dernier lieu, aux courtiers inscrits, n'ont apporté aucune modifiction à la législation antérieure, en ce qui concerne les ventes en détail. »

Renvoyé devant la cour d'appel d'Amiens, la question a été de nouveau longuement et complètement débattue et, par arrêt en date du 1er mai 1890, cette cour a décidé que, aux termes de l'article 4 de la loi du 25 juin 1841, qui se réfère lui-même à l'article 486 du code de commerce, lequel se réfère lui-même à l'article 492 ancien du même code, *les courtiers peuvent être commis, pour procéder, en cas de faillite, à la vente aux enchères et* EN DÉTAIL *des marchandises du failli.*

« Les dispositions de la loi sur les faillites, dit l'arrêt d'Amiens, constituent une législation spéciale créée en vue de la situation particulière du commerçant qui suspend ses paiements dans le but principal de sauvegarder les intérêts de ses créanciers.

« Afin de permettre une réalisation avantageuse des effets et marchandises du failli, l'ancien article 492 du code de commerce autorisait les syndics à les vendre « soit par la voie des enchères publiques, par l'intermédiaire des courtiers et à la Bourse, soit à l'amiable à leur choix ».

« A cette époque (22 septembre 1807) où il n'existait de commissaires-priseurs qu'à Paris, il avait paru utile au législateur de conférer le droit de procéder aux ventes dont il s'agit aux courtiers de commerce, qui, s'agissant des effets et marchandises d'un commerçant, pouvaient offrir, dans la généralité des cas, plus d'avantages que les autres officiers ministériels.

« Le texte comme l'esprit de l'article 492 ne permet pas de distinguer entre les ventes en gros et les ventes en détail desdits effets et marchandises; le but de la loi n'était point d'ailleurs de régler un conflit d'attributions entre officiers ministériels, mais uniquement d'assurer la réalisation la plus avantageuse possible d'effets et marchandises dont la vente était reconnue nécessaire par la justice.

« C'est à cette fin qu'elle a laissé une latitude complète et telle que la vente peut être faite à l'amiable; elle ne distingue point entre la vente en gros et la vente au détail, si elle est faite à l'amiable ; elle ne distingue pas davantage entre la vente en gros et la vente en détail si elle est faite par l'entremise d'un courtier de commerce. Il faut donc tenir pour constant qu'aux termes de l'article 492 ancien les courtiers de commerce avaient qualité pour procéder aux ventes des marchandises du failli aussi bien en détail qu'en gros...»

La cour d'Amiens ajoute (1) que l'article 486 du code de commerce actuel n'a pas modifié cette situation, que

---

(1) Lire le texte entier de l'arrêt d'Amiens dans le *Journal des Commissaires-priseurs*, 1890, p. 97 et suivantes.

la loi du 25 juin 1841 n'a fait que la confirmer et que
la loi de 1866 a maintenu entière la loi spéciale de 1838
sur les faillites, en ce qui concerne la vente des marchandises du failli. Les commissaires-priseurs sont donc
traints de s'incliner et d'admettre les courtiers en
concurrence avec eux pour la vente aux enchères
des marchandises du failli, en gros ou en détail.

60. — Les diverses attributions des commissaires-
priseurs et des courtiers, en matière de ventes aux
enchères de meubles et effets mobiliers peuvent se ré-
sumer de la façon suivante :

Ventes volontaires de meubles et de marchandises au détail (1). — Commissaires-priseurs (Loi du 25 juin 1841.).

Ventes forcées de marchandises saisies ou dépendant
d'une succession acceptée sous bénéfice d'inventaire. —
Commissaires-priseurs (Art. 617 et suivants du code de
procdure civile).

Ventes volontaires de marchandises en gros, portées au
tableau. — Courtiers (Loi du 28 mai 1858.).

Ventes de marchandises en gros, de toutes espèces et de
toutes provenances, autorisées ou ordonnées par la justice
consulaire, après décès, cessation de commerce ou autres
cas de nécessité. — Courtiers ou Commissaires-priseurs
(Loi du 3 juillet 1861, art. 2.).

Ventes de marchandises en détail, autorisées ou ordonnées par justice, après décès, cessation de commerce ou

---

(1) La vente *en détail* est celle qui est faite pièce à pièce ou en
lots à la portée immédiate des particuliers consommateurs (Ordonnance du 9 avril 1819, art. 5.).

La vente *en gros* est celle qui est faite par lots, dont la valeur
peut n'être que de 100 francs et même au-dessous, mais seulement
en nombre ou quantité suffisante d'après les usages pour ne pas contrarier les opérations du commerce au détail (Art. 5 de l'ordonnance du 9 avril 1819 et décret du 6 juin 1863.).

autres cas de nécessité. — Commissaires-priseurs (Loi du 25 juin 1841, art. 2.).

Ventes de marchandises, après faillite. — Courtiers ou commissaires-priseurs (Art. 486 du code de commerce et 4 de la loi du 25 juin 1841).

Ventes du mobilier du failli. — Commissaires-priseurs (Art. 486 du code de commerce et 4 de la loi du 25 juin 1841).

Pour les *ventes volontaires* de marchandises en gros, le minimum des lots ne peut monter au-dessus de 500 francs, mais peut descendre à 100 francs pour un grand nombre de marchandises (Tableaux arrêtés par le ministre du commerce les 30 mai 1863 et 17 août 1888).

Pour les *marchandises avariées,* les lots peuvent être d'une valeur inférieure au minimum fixé pour chacune d'elles, mais après autorisation donnée sur requête par le président du tribunal de commerce du lieu de la vente (Décret du 30 mai 1863, art. 25.).

Pour les *ventes après protêt de warrant,* le minimum de la valeur des lots est fixé à 100 francs, quelque soit l'espèce de marchandise (Décret du 30 mai 1863, art. 25.).

Pour les ventes de marchandises en gros, *ordonnées ou autorisées* par la justice consulaire, le minimum de la valeur des lots est fixé à 100 francs pour les ventes de marchandises de toutes espèces; et même ce minimum peut être abaissé par le tribunal ou le juge qui ordonne ou autorise la vente (Décret du 6 juin 1863, art. 3.)

Mais il ne faut pas oublier l'article 5 de l'ordonnance du 9 avril 1819, aux termes duquel les tribunaux de commerce, lorsqu'ils abaissent le minimum des lots, ne peuvent le faire jusqu'à autoriser la vente des articles pièce à pièce, ou en lots à la portée immédiate des particuliers consommateurs, mais seulement en nombre ou quantité suffisante d'après les usages, pour ne pas contrarier les opérations du commerce en détail.

JOURNAL

DES

COMMISSAIRES - PRISEURS

Législation — Doctrine — Jurisprudence

RECUEIL MENSUEL

Fondé en 1843

PAR **M. LE HIR** ❋, DOCTEUR EN DROIT, AVOCAT

continué par

Charles CONSTANT,

Avocat à la Cour d'appel de Paris,
Auteur du Code-Manuel des Commissaires-Priseurs,
Membre du Conseil judiciaire de la Conférence des Commis-
saires-Priseurs des Départements.

Abonnement annuel : 12 francs.
Les abonnements partent du 1er Janvier.

DE LA COMPÉTENCE

DES

COMMISSAIRES-PRISEURS ET DES NOTAIRES

EN MATIÈRE DE

Ventes Mobilières aux Enchères

Par M. BOLÏS, commissaire-priseur à Marseille.

CODE-MANUEL

DES

COMMISSAIRES - PRISEURS

Rédigé d'après les ouvrages

DE

M. BENOU ET DE **M. le HIR**

et mis au courant

DE LA LÉGISLATION ET DE LA JURISPRUDENCE

PAR

Charles CONSTANT

Avocat à la Cour d'appel de Paris

2 volumes in-8°. — Prix : 15 francs.

Beaugency. — Imp. Laffray.